CONTENTS

Les bases de la cuisine asiatique — 1

Préface de l'éditeur — 2

Poulet - Mangue - Curry — 3

Dinde rôtie à l'asiatique avec légumes carottes — 5

Curry jaune de Nevs — 7

Poitrine de poulet rôtie avec noix de cajou — 9

Poêle chinoise — 11

Curry de canard - Kaeng Phed Ped Yang — 13

Riz frit avec poulet et haricots — 15

Filet de poitrine de poulet aigre — 17

Poulet du diable — 19

Blanc de poulet à la sauce noix de coco-cacahuète avec riz au safran — 21

Poulet frit croustillant — 23

Gâteau de riz au poulet et au yaourt — 24

Poulet aux petits pois au lait — 26

Poulet au lait de coco — 28

Poulet au curry philippin — 30

Poulet à la sauce curry — 31

Poulet grillé à l'asiatique — 33

Satay de poulet — 34

Curry de cacahuètes   36

Curry de banane rouge à la dinde   38

Poulet aigre-doux   40

Boulettes de viande au curry   42

Escalopes de dinde aux légumes au curry - lait de coco   43

Sauté chinois aux crevettes et à la viande de poulet   45

Dinde au citron et à la coriandre avec des légumes et des   47
nouilles Mie frites

Nouilles sautées aux légumes et au poulet   49

Nouilles sautées aux légumes et à la viande (asiatique)   51

Nouilles sautées au poulet et aux légumes   53

Nouilles sautées au poulet dans une sauce à l'ananas et à la   55
noix de coco

poulet - poêle au paprika   56

Nouilles asiatiques au blanc de poulet   58

Chine - Poêlée de riz à la dinde et au chou chinois   60

Poulet chinois au wok   62

poêle au poulet   64

Blanc de poulet au curry d'ananas   66

Riz frit au poulet et au basilic   68

Cari de poitrine de poulet à la noix de coco et à l'ananas   70

Poulet super léger aigre-doux   72

Délicieux curry de poulet   74

Thai - poulet au curry avec légumes   76

Poulet aux noix de cajou   77

Brocoli - Poulet - Wok   79

Escalopes de dinde à la sauce arachide et au paprika   81

Curry thaïlandais   82

Poulet aigre-doux avec du riz   84

Volaille - noix de coco - soupe aux épinards 86

Poulet *Mandarin 88

Curry - Pâtes en tranches 90

Poêlée de poulet aux airelles et au gingembre 91

Asperges vertes à la thaïlandaise avec oignons, ail et poulet 93

Mentions légales 95

LES BASES DE LA CUISINE ASIATIQUE

Les meilleures recettes du monde

Aki Wang

La façon asiatique de cuisiner et de manger

PRÉFACE DE L'ÉDITEUR

Nous sommes heureux que vous ayez choisi ce livre.
Si vous êtes en possession d'un livre de poche, nous nous ferons un plaisir de vous l'envoyer sous forme de livre électronique, vous pourrez alors facilement tourner les pages de manière numérique ou normale.

Nous attachons une grande importance au fait que tous nos auteurs, lorsqu'ils créent leurs propres livres de cuisine, ont recuisiné toutes leurs recettes plusieurs fois.
Par conséquent, la qualité de la conception des recettes et les instructions de recuisson sont détaillées et ne manqueront pas de réussir.

Nos auteurs s'efforcent d'optimiser vos recettes, mais les goûts sont et seront toujours différents !

Chez Mindful Publishing, nous soutenons la création des livres, afin que les auteurs créatifs des recettes puissent prendre leur temps et prendre plaisir à cuisiner.

Nous apprécions votre opinion sur nos recettes. Nous vous serions donc reconnaissants de commenter le livre et de nous faire part de votre expérience avec ces excellentes recettes !

Afin de réduire les coûts d'impression de nos livres et d'offrir la possibilité de proposer des recettes dans des livres, nous devons nous passer de photos dans les livres de cuisine. La version numérique a le même contenu que le livre de poche.

Nos recettes vont vous convaincre et vous révéler un style culinaire dont vous ne pourrez plus vous passer !

POULET - MANGUE - CURRY

45 minutes

Ingrédients

500 g de carotte(s), coupée(s) en tranches
500 g de pomme(s) de terre, en dés
1 gros oignon(s), coupé(s) en dés
3 gousses d'ail, coupées en petits dés
10 g de gingembre, coupé en petits dés - plus si désiré
3 cuillères à café de curry de bonne qualité
1 cuillère à soupe de farine
500 g de poitrine de poulet, coupée en dés
|Sel et poivre
500 ml de bouillon de poulet
1 mangue(s)
2 cuillères à soupe de chutney de mangue
1 boîte de lait de coco, crémeux

Préparation

Nettoyez les légumes et les pommes de terre et coupez-les en cubes uniformes. Coupez l'oignon et l'ail en petits dés. Coupez également la viande en dés et faites-la bien revenir de tous les côtés dans la graisse de friture chaude. Assaisonnez avec du sel et du poivre et retirez-la de la poêle.

Dans la même poêle, faites frire l'oignon, l'ail, les carottes, les pommes de terre et le gingembre. Ajoutez le curry et saupoudrez-le de farine, en remuant pour le faire suer brièvement. Ajoutez le bouillon de poulet et portez à ébullition. Après 5 minutes, ajoutez à nouveau la viande épicée et poursuivez la cuisson pendant environ 10 minutes jusqu'à ce que les pommes de terre et les carottes soient cuites.

Pendant ce temps, retirez la peau de la mangue et coupez la chair en dés. Ajouter le chutney de mangue, les cubes de mangue et le lait de coco et porter brièvement à ébullition. Assaisonnez de sel et de poivre et servez chaud.

DINDE RÔTIE À L'ASIATIQUE AVEC LÉGUMES CAROTTES

1 heure 20 minutes

Ingrédients

1,2 kg de poitrine de dinde
1 morceau(s)|de gingembre, de la taille d'une noix
5 cuillères à soupe de sauce soja
1|citron(s), son jus et son zeste
3 cuillères à soupe|de confiture d'abricots
100 g de sésame
750 g de carotte(s)
2 cuillères à soupe de beurre
2 cuillères à soupe de sucre
100 ml|de jus d'orange
1 bouquet de persil
un peu de sel
un peu de poivre du moulin, coloré

Préparation

Rincez le blanc de dinde et séchez-le en le tapotant. Pelez le gingembre, hachez-le finement et mélangez-le avec la sauce soja, le jus et le zeste de citron, la confiture d'abricots et les graines de sésame. Badigeonner la poitrine de dinde de ce mélange et laisser mariner toute une nuit au réfrigérateur.

Préchauffez le four à 180° (four à convection 160°).

Retirer la poitrine de dinde de la marinade, la placer dans un plat à rôtir et la faire braiser dans le four préchauffé pendant environ 1 heure. Badigeonnez de temps en temps avec la marinade. Épluchez les carottes et coupez-les en rondelles pas trop épaisses mais pas trop fines.

Faites fondre le beurre dans une poêle, ajoutez les carottes, saupoudrez-les de sucre et faites-les cuire à la vapeur pendant environ 5 minutes. Déglacer ensuite avec le jus d'orange, assaisonner avec un peu de sel et quelques grains de poivre coloré et laisser cuire à couvert à feu doux pendant environ 10 minutes. Hacher finement les feuilles de persil et les incorporer aux carottes.

Retirer le rôti du four, le couper en tranches et le servir avec les légumes aux carottes.

Servir avec du riz.

CURRY JAUNE DE NEVS

50 minutes

Ingrédients

500 g de poitrine de dinde
1 boîte d'ananas en dés
1 bocal d'oignon(s) (argenté)
1 botte|d'oignon(s) de poireau
2 boîtes de lait de coco
2 carotte(s) moyenne(s), coupée(s) en fines lamelles
1 cuillère à soupe|de pâte de curry, jaune
3 cuillères à soupe|de poudre de curry
1 cuillère à café de graines de cumin
1 cuillère à café|de poudre de gingembre
1 cuillère à café|d'herbe à citron
|sel
|poivre

Préparation

Aplatissez un peu la viande, coupez-la en lanières et saisissez-la. Assaisonnez avec un peu de sel et de poivre. Ajoutez la pâte de curry (plus ou moins selon le degré de chaleur souhaité) et faites sauter. Ajoutez maintenant les carottes et les oignons de printemps émincés et faites-les sauter brièvement. Ajoutez le lait de coco et portez brièvement à ébullition. Incorporez les cubes d'ananas, 3 cuillères à soupe de jus et les oignons argentés. Ajoutez les épices et laissez mijoter pendant environ 5 à 10 minutes. Assaisonnez selon votre goût et ajoutez des épices si nécessaire.

Le riz thaïlandais/parfumé se marie parfaitement avec ce plat.

Le curry peut être préparé à l'avance en grande quantité pour les fêtes, car il a un goût presque meilleur lorsqu'il est réchauffé.

POITRINE DE POULET RÔTIE AVEC NOIX DE CAJOU

Ingrédients

400 g de blancs de poulet, coupés en lanières
|farine, pour retourner
250 g|de nouilles, des nouilles asiatiques aux œufs
200 ml|d'huile (huile d'arachide)
4|piment(s) rouge(s), séché(s), coupé(s) en morceaux de 1cm
1 cuillère à soupe|d'ail, haché
10|oignon(s) de printemps, parties blanches seulement
en morceaux de 5 cm
100 g de noix de cajou, grillées
1 oignon(s), en rondelles
10|champignons chinois, séchés
3 cuillères à soupe|de sauce aux huîtres
3 cuillères à soupe|de sauce soja
1 cuillère à soupe de sucre
2 cuillères à café de mélange d'épices (cinq épices)
1 cuillère à café de sauce piquante (sauce aux haricots)
2 carottes, coupées en fines tranches

Préparation

Faites bouillir les nouilles et égouttez-les, mettez-les de côté.
Faites tremper les champignons séchés et coupez-les en lamelles.
Enduisez les blancs de poulet d'une fine couche de farine.

Faites chauffer l'huile dans un wok et faites frire la viande pendant environ 5 minutes jusqu'à ce qu'elle soit légèrement dorée. Versez presque toute l'huile de la poêle.
Ajoutez les piments et l'ail à la viande et faites frire pendant 1 minute. Ajoutez les oignons de printemps, les noix de cajou et les carottes et faites-les sauter pendant 5 minutes. Ajoutez tous les autres ingrédients et faites frire à nouveau pendant environ 3 minutes jusqu'à ce que tout soit chaud.

POÊLE CHINOISE

Ingrédients

150 g|Crevette(s)
150 g de porc
200 g de poulet
1 oignon(s)
¼ tasse/s|d'huile
2|champignons chinois
1 tasse|de bouillon de poulet
1 cuillère à café de sel
1 pincée(s) de poivre
1 morceau(s)|de gingembre, d'environ 2 cm, haché
1 petit|chou fleuri, coupé en morceaux
1 carotte(s), coupée(s) en tranches
1 bâtonnet/s de céleri, coupé en morceaux
2 cuillères à soupe d'huile (huile de sésame)
½|chou blanc
250 g|de nouilles, chinoises
¼ tasse/s|de jambon, cuit en lanières
1 oeuf blanc
|Farine de maïs

Préparation

Nettoyer et laver les crevettes. Coupez le porc et le poulet en cubes, ajoutez un peu de blanc d'œuf et de farine de maïs. Faites frire l'oignon dans un peu d'huile, ajoutez les crevettes et faites-les frire jusqu'à ce que l'odeur de poisson disparaisse. Ajoutez ensuite la viande et faites-la frire. Ajoutez

les champignons, le bouillon et le poivre.
Lorsque le porc est cuit, dissolvez de la maïzena dans de l'eau et
incorporez-la. Ajoutez ensuite les légumes et laissez cuire le tout.
Ajoutez un peu d'huile de sésame et mettez de côté.
Faites bouillir de l'eau dans une casserole. Ajoutez les nouilles
et faites-les cuire brièvement jusqu'à ce qu'elles soient tendres.
Rincez-les à l'eau froide. Mettez les nouilles dans un bol,
versez la sauce dessus et garnissez de lanières de jambon.

CURRY DE CANARD - KAENG PHED PED YANG

Ingrédients

Pour la marinade : (cuisses de canard)
1 cuillère à soupe|de sauce soja, foncée
1 cuillère à café|de mélange d'épices (poudre de cinq épices)
2 cuillères à soupe d'eau
1 cuillère à soupe de sauce de poisson
1 cuillère à soupe d'huile, 4 cuisses de canard Barberie,
soit environ 350 g.
|curry :
1|canard(s) rôti(s), environ 2500 g ou 4 cuisses de canard rôties
2 boîtes de lait de coco
2 cuillères à soupe|de pâte de curry, rouge, si vous le
souhaitez également 3-4 cuillères à soupe
10|feuilles de citron vert kaffir, Bai Magrood
3 cuillères à soupe de sauce de poisson
2 cuillères à café de sucre
150 g|de pois, très fins
15|tomates cerises, coupées en deux
4|piment(s) rouge(s) sans les graines, coupé(s) en lamelles
3 tiges de basilic, (Thai bai hoarapha)

Préparation

Pour cette recette, vous avez besoin de canard rôti

ou, comme je le préfère, de cuisses de canard Barberie marinées et braisées. Cela semble très élaboré, mais à la fin j'écrirai comment le rendre plus facile.

Tout d'abord, lavez et essuyez les cuisses de canard et enduisez-les finement de marinade. Faites-les bien revenir dans une poêle sur la cuisinière. Transférez-les dans une rôtissoire, versez le reste de la marinade dessus et faites-les braiser au four à 120-130 degrés pendant 2 heures et demie, en les retournant deux fois. Enlevez la peau et la graisse, retirez la viande et coupez-la en petits morceaux. Dégraissez la sauce et mettez-la de côté. Vous pouvez faire tout cela la veille.

Pour le curry, faites frire la pâte dans l'huile à feu moyen jusqu'à ce qu'elle commence à sentir le parfum. Versez ensuite le lait de coco et laissez cuire pendant quelques minutes. Ajoutez la viande de canard et les feuilles de citron vert et laissez cuire pendant 10 minutes supplémentaires. Si la viande de canard n'est pas encore très tendre, prolongez la cuisson. Ajoutez ensuite 2 cuillères à soupe de sauce de poisson, les tomates et les petits pois et faites cuire pendant encore 3-4 minutes. Ajouter la sauce dégraissée, petit à petit, la quantité étant une question de goût. Assaisonnez avec 1 à 2 cuillères à café de sucre et plus de sauce de poisson. La quantité dépend de l'acidité des tomates et de la teneur en sel de la sauce. Râper grossièrement le basilic et l'incorporer. Terminez par un filet de jus de citron vert, si vous le souhaitez.

RIZ FRIT AVEC POULET ET HARICOTS

Ingrédients

4 tomate(s)
200 g de haricots verts
350 g|de filet(s) de poulet
1 cuillère à café d'amidon
2 oignon(s)
3 gousse(s) d'ail
20 g de gingembre
300 g de riz cuit
3 cuillères à soupe d'huile
2 cuillères à soupe de curry doux
50 g|de noix de cajou
1 botte|de coriandre
1 pincée(s)|sucre
|sel
|sauce soja

Préparation

Coupez les tomates en quatre et épépinez-les. Assaisonnez
avec du sel iodé et du sucre.
Faites bouillir les haricots dans de l'eau salée pendant quatre
minutes. Rincez-les à froid et égouttez-les. Coupez la viande
en dés et mélangez-la avec la maïzena. Pelez les oignons
et l'ail, épluchez le gingembre et hachez-le finement.
Faites frire le riz dans un wok ou une grande poêle dans une

cuillère à soupe d'huile pendant deux à trois minutes. Saler, retirer et mettre de côté. Faites sauter les oignons, l'ail, le gingembre et le curry dans le reste de l'huile pendant deux minutes. Ajouter le poulet en dés, les noix de cajou et les haricots et faire frire pendant deux autres minutes. Ajouter le riz et faire sauter jusqu'à ce que tous les ingrédients soient chauds. Assaisonner de sel et de sauce soja. Saupoudrer de feuilles de coriandre. Servir avec les tomates fraîches.

FILET DE POITRINE DE POULET AIGRE

Ingrédients

4 filet(s) de poitrine de poulet
500 ml|de vinaigre balsamique blanc
500 ml|d'eau
2 tiges d'herbe à citron
1 piment(s)
1 gousse de vanille
2 pièce(s)|sternanis
1 pincée(s)|sucre
1 cuillère à café|de mélange d'épices, (garam masala)
un peu de graisse de beurre, pour la friture
1 échalote(s)
400 ml|de bouillon de volaille
100 ml|de bouillon de marinade
½ boîte de lait de coco
1 trait de sauce soja
un peu de sel
un peu de poivre
un peu de mélange d'épices, (garam masala)
|un épaississant pour sauce, léger
200 g|Basmati
50 g|de cacahuètes, grillées, non salées

Préparation

Nettoyez et coupez grossièrement la citronnelle, coupez

en deux et épépinez le piment, grattez la pulpe de la gousse
de vanille et coupez le gingembre en dés. Portez le tout
à ébullition avec le vinaigre balsamique, l'eau, le sucre,
l'anis étoilé et le garam masala et laissez refroidir. Faites
mariner les filets de poulet dans ce bouillon au réfrigérateur
pendant 3-4 jours. Retournez-les tous les jours.

Sortez ensuite les filets de poulet, séchez-les en les
tapotant et faites-les frire dans du beurre clarifié chaud
jusqu'à ce qu'ils soient cuits. Gardez au chaud.
Filtrez le bouillon et mettez 100 ml de côté pour la sauce.

Faites sauter l'échalote en dés dans la graisse jusqu'à ce qu'elle
soit translucide. Déglacer avec le bouillon de poulet, le lait de
coco et le bouillon et réduire légèrement. Assaisonner avec le
sel, le poivre, la sauce soja et le garam masala. Épaissir avec
l'épaississeur de sauce jusqu'à la consistance souhaitée.

Pendant ce temps, faites cuire le riz, mélangez-
le avec les cacahuètes et servez.

POULET DU DIABLE

Ingrédients

5 tasses/n|d'eau
2 ½ tasse/n|de riz (par exemple, jasmin ou basmati)
3 cuillères à soupe de moutarde (Dijon)
3 lime(s), leur jus
6 poitrines de poulet de taille moyenne
|sel et poivre
3 gousse/s d'ail
50 g de gingembre
1 gros piment(s)
3 oignon(s) de taille moyenne
1 grosse tige de poireau
3 oignon(s) de printemps
2 tomate(s)
|Huile
3 cuillères à café de sucre
cumin, selon le goût
à goûter|cannelle
au goût|girofle(s)
au goût de la coriandre
|chutney à la mangue
éventuellement du ketchup

Préparation

Faites bouillir l'eau avec un peu de sel. Lavez le riz et ajoutez-
le à l'eau. Couvrez et laissez mijoter à feu doux.
Mélangez la moutarde de Dijon et le jus de citron vert dans

un bol. Coupez le blanc de poulet en petits cubes, salez, poivrez et ajoutez-les à la marinade. Laissez reposer.

Hacher très finement l'ail et le gingembre, prévoir. Coupez le piment en deux, retirez les graines, lavez-le, coupez-le en fines lamelles et préparez-le séparément. Éplucher et laver les oignons, les poireaux et les oignons nouveaux, couper les poireaux en rondelles grossières, couper les oignons en quartiers ou en huitièmes à volonté, préparer séparément. Lavez les tomates, enlevez la peau si nécessaire (vous pouvez simplement la retirer pour les faire frire), coupez-les en huitièmes et préparez-les.

Faites chauffer l'huile dans une grande poêle, ajoutez la viande marinée et faites-la frire jusqu'à ce qu'elle soit chaude. Retirez-la à nouveau et ramenez-la à feu moyen. Ajoutez l'ail et le gingembre dans la poêle et faites-les frire brièvement. Ajoutez le sucre et attendez qu'il prenne de la couleur. Ajoutez les oignons, les poireaux et les oignons nouveaux, remettez à feu vif, faites cuire à la vapeur. Ajoutez le reste de la marinade selon votre goût et si vous en avez.

Ajoutez les tomates et le piment, faites cuire à la vapeur. Ajoutez à nouveau la viande, passez à feu moyen. Assaisonnez avec du sel, du poivre, du cumin, de la cannelle, des clous de girofle, de la coriandre en toute quantité (il est préférable de commencer par un peu), assaisonnez selon votre goût.

Détacher le riz à l'aide de 2 fourchettes, éteindre le feu, continuer à faire cuire à la vapeur. Ajouter le chutney de mangue (pour le piquant), assaisonner selon le goût. Si c'est trop épicé, vous pouvez ajouter un peu de ketchup pour l'atténuer. Disposez le tout sur des assiettes.

BLANC DE POULET À LA SAUCE NOIX DE COCO-CACAHUÈTE AVEC RIZ AU SAFRAN

Ingrédients

600 g|de blancs de poulet
1 cuillère à soupe de mélange d'épices (5 épices)
1 cuillère à soupe d'huile (huile de sésame)
½ litre|de lait de coco, non sucré
200 g de cacahuètes salées
50 g de pâte de curry, rouge
1 cuillère à soupe|de sauce soja, légère
1 cuillère à soupe|de sauce (sauce aux huîtres)
2|gousse(s) d'ail, mortier
1 cuillère à soupe|d'huile, de germe de blé ou de tournesol
1 cuillère à soupe|de beurre gras
4 oignon(s) de printemps
1 poivron(s) rouge(s), coupé(s) en petits dés
2 poignées de haricots noirs, trempés toute la nuit
1 boîte de safran

Préparation

Coupez les blancs de poulet en petits morceaux, saupoudrez-les de 5 épices et mélangez-les. Ajoutez l'huile de sésame

et mélangez, laissez mariner toute la nuit.
Mixez les cacahuètes dans le Moulinex avec une cuillère
à soupe d'huile jusqu'à ce qu'elles soient lisses et ajoutez
le lait de coco. Ajoutez la pâte de curry, la sauce soja, la
sauce huître et l'ail et portez à ébullition en remuant
brièvement. Plus tard, ou le jour suivant, écumez l'huile.
Faites légèrement revenir les morceaux de viande dans
une poêle haute avec le beurre clarifié, en les retournant,
ajoutez la moitié de l'oignon et la ciboule et faites-les
sauter, puis ajoutez la sauce. Couvrez et laissez mijoter
doucement pendant 20 min en remuant fréquemment.
Dissoudre le safran dans 4 tasses d'eau froide, ajouter le sel
et 2 tasses de riz long grain, 1 oignon coupé en deux et 2
gousses d'ail coupées en deux et cuire comme d'habitude.
Faites bouillir les haricots, blanchissez les poivrons
pendant une minute (ou laissez-les crus).
Mélangez le riz et les haricots, saupoudrez avec le poivron et les
petites rondelles d'oignon et servez avec le blanc de poulet.

POULET FRIT CROUSTILLANT

Ingrédients

4 poitrines de poulet
100 g de farine, nature
25 g|de farine d'amidon
2 jaunes d'oeuf
550 ml|d'eau
1 cuillère à soupe de sel
1 cuillère à soupe d'huile
200 g|de riz (riz jasmin)
50 g de sucre
2 cuillères à soupe de vinaigre
250 ml|de ketchup
selon les goûts, eau

Préparation

Mélangez les ingrédients de la farine à l'huile pour la pâte à frire. Assaisonnez le poulet avec la sauce soja et incorporez-le à la pâte. Faites-le frire dans l'huile chaude (180°C) jusqu'à ce qu'il soit croustillant.

Pour la sauce, portez à ébullition le sucre, le vinaigre et le ketchup et diluez avec de l'eau si nécessaire.

Lavez le riz et faites-le cuire avec 300 ml d'eau sans graisse ni sel pendant environ 20 minutes à feu doux. Servez le poulet avec la sauce aigre-douce et le riz.

GÂTEAU DE RIZ AU POULET ET AU YAOURT

Ingrédients

4 tasses/s|basmati
2 carottes, grossièrement hachées
1 oignon(s), coupé(s) en quatre
2 cuisse(s) de poulet
2 oeufs
1 cuillère à soupe de yaourt
2 cuillères à soupe de beurre
2 feuilles de laurier
1 cuillère à café de curcuma
1 ½ cuillère à café|de safran
|sel
à volonté|huile
1 tasse d'eau bouillante
un peu d'eau bouillante pour le safran
2 cuillères à soupe de beurre
½ tasse|d'eau

Préparation

Faites brièvement revenir l'oignon coupé en quatre. Saupoudrez de curcuma et ajoutez les cuisses de poulet ainsi que les carottes grossièrement coupées et les feuilles de laurier. Saupoudrez maintenant d'un peu de safran et faites frire, à couvert, pendant 5 minutes. Déglacez avec une tasse d'eau bouillante, ajoutez du sel et laissez mijoter à couvert pendant environ 1 heure et demie. Ensuite, séparez la viande des os.

Pendant ce temps, dissoudre 1 cuillère à café de safran dans un peu d'eau bouillante et mettre de côté.

Dans une grande casserole, portez à ébullition l'eau avec 1 cuillère à café de sel et faites-y cuire le riz pendant environ 5 minutes. Laissez-le dans l'eau bouillonnante jusqu'à ce qu'il soit ferme à la morsure. Une fois qu'il l'est, égouttez-le dans une passoire.

Battez les œufs dans un grand bol, ajoutez le yaourt et l'eau safranée.

Remplissez une casserole antiadhésive avec suffisamment d'huile pour couvrir le fond et faites chauffer à feu vif. Ajoutez maintenant la moitié du riz au mélange de yaourt - puis versez-en autant dans la casserole jusqu'à obtenir une couche de la largeur de deux doigts. Dès que cela se produit, baissez le feu au niveau le plus bas. Répartissez ensuite la viande, préalablement séparée de l'os, sur la couche de riz, puis couvrez-la d'abord avec le reste du mélange de yaourt au riz, puis avec l'autre moitié du riz. Il ne reste plus qu'à ajouter 1-2 cuillères à soupe de beurre et 1/2 tasse d'eau sur le dessus, puis à envelopper le couvercle d'un linge et à le mettre en place. Après environ 70-90 minutes, le plat est prêt.

Le tout peut maintenant être retourné sur une grande assiette, de sorte que vous obtenez la typique galette de riz avec une délicieuse croûte de riz.

POULET AUX PETITS POIS AU LAIT

Ingrédients

500 g|de poulet (morceaux de poulet)
4 cuillères à soupe de lait concentré sucré
1 tasse/s|d'eau
1 boîte/s|de petits pois verts cuits
1 pomme(s) de terre
1 poivron(s) rouge(s) coupé(s) en lanières
1 poivron(s) vert(s) coupé(s) en lanières
1 oignon(s), coupé(s) en dés
1 cuillère à café d'ail haché
|Sel ou sauce de poisson pour l'assaisonnement
4 portions de riz

Préparation

Pomme de terre, épluchée et coupée en cubes de taille moyenne.
Lavez et séchez les morceaux de poulet, assaisonnez-les avec du
sel ou de la sauce de poisson. Faites revenir brièvement l'ail dans
l'huile, puis ajoutez les morceaux de poulet et faites-les frire.
Ajouter les morceaux de poulet et faire frire jusqu'à
ce que la viande soit légèrement dorée.
Ajoutez les cubes de pommes de terre et faites-les cuire
pendant une minute. Ajoutez une tasse d'eau et couvrez
la casserole. Portez le tout à ébullition. Ajoutez ensuite
le lait et le paprika, couvrez et laissez mijoter.
Ajoutez maintenant le reste des ingrédients. Assaisonnez

avec du sel ou de la sauce de poisson.
Servez avec du riz cuit à la vapeur.

POULET AU LAIT DE COCO

Ingrédients

4|poitrines de poulet, sans peau
1 cuillère à soupe de jus de chaux fraîchement pressé
1 cuillère à soupe d'huile
375 ml de lait de coco
1|feuille de citron vert Kaffir
1|feuille de laurier
4 cuillères à soupe|de feuilles de coriandre
|Pâte d'épices :
1|oignon(s), coupé(s) finement en dés
3 gousse/s d'ail, hachée/s
2 cuillères à soupe|d'amande(s), blanchie(s)
½ cuillère à café|de poivre noir fraîchement moulu
½ cuillère à café|de coriandre, moulue
½ cuillère à café|de cumin, moulu
½ cuillère à café|Galant, 1,250 cm, râpé
½ cuillère à café|de sel
60 ml|de lait de coco

Préparation

Frottez les poitrines de poulet avec le jus de citron vert. Mélangez les ingrédients de la pâte d'épices dans un mixeur jusqu'à ce qu'elle soit lisse. Faites chauffer l'huile dans une grande poêle antiadhésive à feu moyen. Faites-y saisir les poitrines de poulet (environ 3 minutes de chaque côté). Retirez-les de la poêle et mettez-les de côté.

Ajoutez la pâte dans la poêle et faites-la cuire pendant cinq minutes, en remuant constamment. Remettez la viande dans la poêle et ajoutez le lait de coco, la feuille de lime et la feuille de laurier. Réduisez le feu et laissez mijoter le tout sans couvercle jusqu'à ce que la viande soit cuite (environ 30 min.). Retirez le citron vert et la feuille de laurier. Incorporez les feuilles de coriandre.

Servez le plat sur un plat de service chaud avec du riz cuit.

J'ai omis le galangal et la feuille de kaffir (feuille de citron vert), mais le résultat était quand même délicieux !

POULET AU CURRY PHILIPPIN

Ingrédients

8 cuisses de poulet
1 oignon(s)
3 grosse(s) pomme(s) de terre
3 carotte(s)
2 gousse(s) d'ail
1 paquet de pâte à frire
2 boîtes de lait de coco
|Épice(s), au goût
3 cuillères à soupe d'huile

Préparation

Hachez grossièrement l'oignon et les gousses d'ail et faites-les revenir dans l'huile. Ajoutez les cuisses de poulet, assaisonnez selon votre goût et faites bien frire.
Épluchez les pommes de terre et les carottes et coupez-les en cubes ou en morceaux, ajoutez-les et faites-les frire brièvement. Lorsque tout est bien frit, ajoutez le lait de coco et mélangez-y le paquet entier de pâte de curry. Si vous ne disposez pas de pâte de curry, utilisez du curry en poudre et un cube de bouillon. (Si vous le souhaitez, vous pouvez ajouter un peu de piment avec un piment rouge. À l'origine, cependant, ce plat est plutôt doux). Faites cuire le tout à feu doux pendant environ 45 minutes. Servez avec du riz blanc asiatique et des bananes frites.

POULET À LA SAUCE CURRY

Ingrédients

500 g de viande de volaille
6 cuillères à soupe d'huile (huile de tournesol)
3 cuillères à soupe de jus de citron
1 oignon(s), haché(s)
2 cuillères à café de pâte d'épices (pâte gingembre-ail)
|sel
1 mangue(s), non mûre(s)
1 noix de coco
5 gousse/s d'ail (petites gousses)
1 botte de feuilles de coriandre
1 bouquet de menthe
1 morceau(s) de gingembre
5 cuillères à café de poudre de curry
3 cuillères à soupe d'eau
120 ml|d'eau

Préparation

Nettoyez les feuilles de coriandre et la menthe. Pelez le morceau de gingembre. Hachez ensuite les trois ingrédients. Pelez, dénoyautez et râpez la mangue. Pelez et émincez l'ail. Ouvrez la noix de coco et râpez la chair. Mettez ensuite tous les ingrédients dans un mixeur avec 3 cuillères à soupe d'eau. Ajoutez 2 cuillères à café de curry en poudre, mélangez le tout et mettez ce mélange d'herbes au réfrigérateur.

Coupez la viande en morceaux d'environ 5 cm. Faites chauffer 3 cuillères à soupe d'huile dans une poêle et faites revenir les oignons hachés jusqu'à ce qu'ils soient dorés. Ajoutez la pâte de gingembre et d'ail. Ajoutez ensuite la viande, versez 120 ml d'eau et laissez mijoter pendant environ 10 minutes.

Faites chauffer l'huile restante dans une casserole et ajoutez le mélange d'herbes réfrigéré. Portez à ébullition en remuant continuellement jusqu'à ce que l'huile se sépare de la pâte. Ajoutez ensuite le mélange de viande et assaisonnez de sel. Ajoutez le reste de la poudre de curry et laissez mijoter pendant environ 25 minutes. Enfin, incorporez le jus de citron. Servez chaud.

POULET GRILLÉ À L'ASIATIQUE

Ingrédients

8 cuisses de poulet
80 ml de sauce soja
2 cuillères à café d'huile (huile de sésame)
1 cuillère à soupe d'huile
2 cuillères à soupe de sherry sec
2 gousse/s d'ail, pressée/s
½ cuillère à café|de gingembre, râpé
1 cuillère à café d'herbes (mélange d'épices aux cinq herbes)
1 cuillère à soupe|de graines de sésame, grillées (garniture)

Préparation

Nettoyez les pilons et séchez-les en les tapotant. Mélangez
tous les ingrédients dans un bol, couvrez et laissez mariner au
réfrigérateur pendant au moins 1 heure. Préchauffez ensuite le
four à 180°C. Égouttez les pilons, placez-les dans un plat à four
et faites-les griller pendant environ 15 minutes. Retournez les
pilons et faites-les griller pendant 25 minutes supplémentaires.
Saupoudrez de graines de sésame avant de servir.

SATAY DE POULET

2 heures 30 minutes

Ingrédients

500 g|de poitrines de poulet, sans peau et sans os, coupées en dés
1 cuillère à soupe d'huile (tournesol)
3 petit(s) oignon(s), finement haché(s)
1 gousse d'ail pressée
2 cuillères à soupe de sauce soja, légère
1 cuillère à soupe|de jus de citron
2 ½ cm|de racine de gingembre, finement hachée
1 cuillère à café de poudre de coriandre
1 cuillère à café|de carvi en poudre
½ cuillère à café|de piment en poudre
1 cuillère à café de sucre
100 g de crème de cacahuète
25 g de crème de noix de coco

Préparation

Mélangez les oignons, l'ail, la sauce soja, le jus de citron, les
épices et le sucre dans un bol. Mélangez les cubes de poulet dans
ce mélange et laissez-les mariner, couverts, au réfrigérateur
pendant 2 heures ou, mieux encore, toute la nuit.

Retirer les cubes de poulet de la marinade et les enfiler sur
des brochettes en bois, les badigeonner d'huile et conserver la
marinade. Faites dorer les brochettes sous le gril préchauffé pendant environ 20 minutes, en les retournant de temps en temps.

Versez la marinade dans une casserole. Incorporez 200

ml d'eau froide et laissez mijoter pendant environ 5 min. Ajoutez ensuite la crème de cacahuètes et la pâte de coco et laissez le tout épaissir brièvement en remuant. Servez la sauce avec les brochettes de poulet.

Servez avec du riz cuit.

CURRY DE CACAHUÈTES

50 minutes

Ingrédients

200 g de filet(s) de poulet, coupé(s) en lanières
200 g de pomme(s) de terre, coupée(s) en cubes
1 oignon(s), finement haché(s)
1 poivron(s), coupé(s) en dés
2 cuillères à soupe d'huile neutre
2 cuillères à soupe|de pâte de curry, jaune
1 ½ cuillère à soupe|de beurre de cacahuète
400 ml|de lait de coco en conserve, non sucré
3 cuillères à soupe|de sauce de poisson
2 cuillères à café|de sucre brun
1 cuillère à café|de zeste de citron vert, râpé.
½|lime(s), le jus
50 g|de cacahuètes grillées, râpées
|Les feuilles de coriandre, pour décorer

Préparation

Faites chauffer 1 cuillère à soupe d'huile dans un wok ou
une poêle. Ajoutez les lanières de viande dans le wok, salez
légèrement et faites-les frire. Retirez la viande du wok.
Ajouter le reste de l'huile dans le wok et faire chauffer, faire sauter
l'oignon. Déglacer avec le lait de coco, incorporer la pâte de curry,
le beurre de cacahuète, le sucre, le zeste de citron vert et la sauce
de poisson. Ajouter les pommes de terre et laisser mijoter à feu

doux jusqu'à ce qu'elles soient cuites. Ajoutez les poivrons et laissez cuire pendant 3 minutes supplémentaires. Enfin, remettez la viande dans le wok et portez à nouveau le tout à ébullition brièvement. Assaisonnez au goût avec le jus de citron vert. Garnir le plat de coriandre fraîche et de cacahuètes hachées.

Servir avec du riz basmati.

CURRY DE BANANE ROUGE À LA DINDE

Ingrédients

400 g|d'escalope de dinde (coupée en gros dés)
un peu d'huile
3 oignon(s) printanier(s)
200 g|deugarpod(s)
2 carotte(s)
2 gousse/s d'ail
400 ml|de lait de coco, (aussi épais que possible)
3 cuillères à soupe|de poudre de curry, rouge
2 cuillères à café|de curcuma, (moulu)
2 banane(s)
eau, selon les goûts
|sel
|poivre

Préparation

Si vous le souhaitez, vous pouvez faire tremper les cubes
de dinde dans un mélange huile-curry 1 à 2 heures
avant la cuisson, mais ce n'est pas obligatoire.

Coupez la partie verte des oignons de printemps en
rondelles, hachez la partie oignon. Lavez et nettoyez
les pois mange-tout et coupez-les une fois au milieu.
Épluchez les carottes et coupez-les en fines tranches (le
mieux est d'utiliser une trancheuse de cuisine).

Faites chauffer l'huile dans une poêle. Saisissez les cubes de dinde de tous les côtés, puis transférez-les sur une serviette en papier.

Si nécessaire, ajoutez un peu d'huile dans la poêle et, lorsqu'elle est chaude, ajoutez les carottes, les oignons nouveaux et les pois mange-tout et faites-les sauter. Pressez l'ail dans la poêle avec un presse-ail et faites-le frire brièvement.

Ajouter le lait de coco et remuer. Ajoutez la dinde. Continuez à faire mijoter à feu moyen.

Ajoutez le curry, le curcuma, le poivre et le sel et remuez. Continuez à goûter pour vous assurer que vous avez atteint le niveau de chaleur/épice souhaité.

Laissez le liquide bouillir dans la casserole à feu moyen. Si nécessaire, ajoutez un peu d'eau si les carottes sont encore trop dures et que trop de liquide s'est évaporé.

Ajoutez les bananes juste avant de servir et mélangez-les soigneusement.

Servir avec du riz.

POULET AIGRE-DOUX

Ingrédients

300 g|de filet(s) de poitrine de poulet
2 cuillères à soupe|de sauce soja légère
|poivre
2 tomate(s)
1 oignon(s)
½|concombre(s)
1|piment(s), couleur au choix
1 petite boîte d'ananas, environ 300 g
1 gousse d'ail, plus au goût
1 cuillère à soupe de fécule ou de farine
3 cuillères à soupe de pâte de tomate
3 cuillères à soupe de sauce de poisson
3 cuillères à soupe|de vin blanc, de vinaigre
de riz ou de vinaigre de pomme
4 cuillères à soupe de sucre
1 cuillère à soupe d'huile

Préparation

Vous pouvez utiliser jusqu'à 500 g de viande. Dans ce cas, augmentez également la quantité de sauce soja.

Lavez la viande (le porc ou la dinde feront aussi l'affaire, j'imagine aussi un filet de poisson, mais je n'ai pas encore essayé), épongez-la et coupez-la en cubes. Assaisonnez dans un bol avec la sauce soja et le poivre selon votre goût et laissez mariner pendant au moins 20 min, voire plus si vous voulez la préparer.

Peler et couper l'oignon en dés, peler l'ail (pour les plus pressés : utiliser de la poudre d'ail, environ 2 pointes de couteau), laver les tomates et les couper en morceaux, enlever les pédoncules. Laver les poivrons et retirer les graines et les côtes blanches, les couper également en morceaux. Épluchez le concombre et coupez-le en morceaux, si nécessaire, grattez d'abord les graines. Egouttez l'ananas, en réservant le jus, dont vous aurez besoin.

Faites chauffer de l'huile dans une poêle ou un wok et faites revenir l'oignon, puis ajoutez la viande avec la marinade et faites-la bien dorer de tous les côtés. Ajoutez l'ail. Ajoutez le concombre, le poivron et les morceaux d'ananas et faites-les sauter pendant environ 3 minutes. Ajouter le concentré de tomates et la sauce de poisson, bien remuer, puis ajouter le jus d'ananas et les morceaux de tomates et porter le tout à nouveau à ébullition. Assaisonnez à votre goût avec le vinaigre et le sucre. Enfin, mélangez la maïzena avec un peu d'eau et versez-la tout en remuant. Enfin, portez à nouveau à ébullition jusqu'à ce que la sauce soit un peu plus épaisse.

Servez avec du riz.

BOULETTES DE VIANDE AU CURRY

Ingrédients

1 oignon(s)
300 g de carotte(s)
2 cuillères à soupe de farine
|poudre de curry
|sel et poivre
500 g de viande de dinde
1 cuillère à soupe d'huile
400 ml de lait de coco
300 g de petits pois surgelés

Préparation

Pelez et coupez l'oignon en dés. Épluchez les carottes et coupez-les également en petits cubes. Mélangez la farine avec le curry (quantité à votre goût - j'utilise 2 cuillères à soupe), une cuillère à café de sel et un peu de poivre dans un grand bol. Coupez la viande en petits morceaux, ajoutez-la dans le bol avec les épices et mélangez bien.

Faites chauffer l'huile dans une poêle, faites revenir brièvement l'oignon coupé en dés, puis faites dorer la viande de tous côtés. Ajoutez les carottes et faites-les revenir brièvement. Ajoutez le lait de coco et laissez mijoter à feu moyen pendant environ 10 minutes. Après 5 minutes, ajoutez les petits pois. À la fin, assaisonnez à nouveau avec le curry, le sel et le poivre.

ESCALOPES DE DINDE AUX LÉGUMES AU CURRY - LAIT DE COCO

Ingrédients

600 g|de poitrine de dinde ou d'escalope de dinde
1 oignon(s), coupé(s) en dés
1 bâtonnet/poireau
2 carotte(s)
300 g de brocoli
400 ml de lait de coco
2 cuillères à soupe|de pâte de curry, verte
|sel
|poivre
1 pincée(s)|de poudre de gingembre
quelques|mélanges d'épices pour wok
2 cuillères à soupe de sauce soja
3 cuillères à soupe d'huile végétale (huile de tournesol)

Préparation

Coupez le blanc de dinde en petites lamelles. Mettez-les dans un sac de congélation avec l'huile de tournesol, 1 cuillère à soupe de sauce soja, un mélange d'épices pour wok, 1 pincée de gingembre en poudre et 1 cuillère à soupe de pâte de curry. Mélangez bien et laissez mariner (éventuellement toute la nuit).

Nettoyez les poireaux et coupez-les en lanières d'environ

5 cm de long. Épluchez les carottes et coupez-les également en lanières à l'aide d'un économe. Nettoyez le brocoli et coupez-le en petits bouquets.

Faites chauffer une poêle ou un wok et faites frire les lanières de dinde par portions, puis retirez-les et réservez-les. Ajoutez un peu d'huile si nécessaire, puis faites légèrement revenir l'oignon, le poireau et les carottes coupés en dés et 1 cuillère à soupe de pâte de curry. Ajoutez ensuite le lait de coco et les fleurettes de brocoli. Assaisonnez à votre goût avec du sel, du poivre et une cuillère à soupe de sauce soja. Portez à ébullition et laissez mijoter pendant encore 5 à 10 minutes (selon le degré de croquant que vous souhaitez donner aux légumes). Servez chaud.

Servir avec du riz ou des nouilles Mie.

SAUTÉ CHINOIS AUX CREVETTES ET À LA VIANDE DE POULET

Ingrédients

500 g de spaghettis
3 cuillères à soupe d'huile
1 poivron(s) rouge(s), équeuté(s)
300 g de filet(s) de poulet ou de viande de dinde, coupés en dés
200 g de crevettes, cuites
2 gros oignons, hachés
2 gousse(s) d'ail, coupée(s) en dés
5 cuillères à soupe de sauce soja
1 cuillère à café de sucre
3 cuillères à soupe de jus de citron
1 pincée de poivre
1 cuillère à café de sambal oelek
|mélange d'épices, (épices chinoises)

Préparation

Faites cuire les spaghettis, égouttez-les, mélangez-les avec 1 cuillère à soupe d'huile et mettez-les de côté. Mélangez la sauce soja avec le sucre, le sambal oelek, le jus de citron et les épices et mettez de côté.

Faites chauffer le reste de l'huile dans le wok, ajoutez la viande avec les crevettes et faites frire pendant environ

2 minutes. Ajouter les poivrons coupés en tranches, l'oignon et l'ail et continuer à faire sauter à feu vif pendant environ 2 minutes. Ajoutez les nouilles et mélangez bien. Versez le mélange de sauce soja préparé, mélangez bien le tout et laissez chauffer. Puis servez rapidement.

Vous pouvez également augmenter la quantité de sauce soja, si elle devient trop sèche, ajoutez simplement un autre trait sur le plat fini. Ce plat est également très bon avec des brocolis, il suffit de le faire sauter avec les légumes. Si vous n'avez pas de wok, vous pouvez aussi utiliser une casserole, mais une poêle peu profonde ne convient pas.

DINDE AU CITRON ET À LA CORIANDRE AVEC DES LÉGUMES ET DES NOUILLES MIE FRITES

Ingrédients

200 g|Dinde, émincée
150 g|Poivron(s) rouge(s), coupé(s) en dés
80 g|Poireau, coupé en rondelles, haché grossièrement
50 g|carotte(s), coupée(s) en julienne
50 g de germes de soja
1|piment(s) rouge(s), thaïlandais, épépiné(s), finement haché(s)
180 g|noodles (Mie-)
|huile, (huile d'arachide)
|poivron
|sel
1 pincée de sucre
|Coriandre moulue
|flocons de piment
1 cuillère à café de mélange d'épices, (5 épices)
½ bulbe/s d'ail, chinois, finement haché
1 cm de gingembre frais râpé
4 traits de vinaigre (vinaigre de riz), brun
3 cuillères à soupe de sauce soja, chinoise
1 cuillère à soupe|de sauce (HoiSin-)

50 ml|d'eau
|feuilles de coriandre, pour décorer

Préparation

Rincez la dinde sous l'eau froide et séchez-la en la tapotant.
Frottez-la avec beaucoup de poivre de citron, un peu de
sel et une bonne quantité de coriandre moulue.

Portez l'eau à ébullition avec un peu de sel et ajoutez les nouilles
Mie. Retirez la casserole du feu et laissez tremper les nouilles
pendant environ 4-5 minutes, puis égouttez-les bien.

Pendant ce temps, faites chauffer l'huile dans un wok et
faites frire la viande jusqu'à ce qu'elle soit croustillante.
Ajoutez ensuite les légumes et faites-les frire. Ajoutez le vinaigre,
l'ail et le gingembre. Assaisonnez avec les épices et les sauces,
ajoutez de l'eau et assaisonnez à votre goût, gardez au chaud.

Chauffez à nouveau de l'huile dans le wok et faites frire
les nouilles égouttées. Saupoudrez de flocons de piment
fraîchement moulus et servez avec la viande et les légumes.

ASTUCE :
- Si vous le souhaitez, vous pouvez bien sûr
ajouter du bambou. Le brocoli et les champignons
devraient également avoir un bon goût.

NOUILLES SAUTÉES AUX LÉGUMES ET AU POULET

35 minutes

Ingrédients

250 g|de nouilles aux œufs chinoises
200 g de poulet
3 oignon(s) de printemps
1 carotte
175 g de pousse(s) de bambou (poids égoutté)
3 cuillères à soupe d'huile
4 cuillères à soupe|de sauce soja, légère
2 cuillères à café|de Sambal Oelek
|poudre de curry
|Poudre de paprika doux et piquant

Préparation

Faites cuire les nouilles selon les instructions du paquet.
Il est conseillé de casser les nouilles sèches une fois, si
nécessaire, afin qu'elles ne soient pas aussi longues.

Coupez le poulet en lanières et faites-le mariner brièvement avec
1 cuillère à soupe de sauce soja et 1 cuillère à café de sambal oelek.

Entre-temps, coupez les oignons de printemps en
rondelles et la carotte en fins bâtonnets.

Faites brièvement revenir la viande dans 3 cuillères à soupe d'huile et 1 cuillère à soupe de sauce soja. Ajoutez les oignons de printemps, les bâtonnets de carotte et les pousses de bambou égouttées. Après environ 3 à 5 minutes, ajoutez également les nouilles et faites frire le tout pendant encore 5 minutes, en tournant régulièrement.

Assaisonnez bien avec le sambal oelek et la sauce soja (environ 1 cuillère à café de sambal oelek et 1 - 2 cuillères à soupe de sauce soja) et assaisonnez avec le curry et le paprika.

La quantité convient pour 2 - 3 portions.

NOUILLES SAUTÉES AUX LÉGUMES ET À LA VIANDE (ASIATIQUE)

Ingrédients

200 g de nouilles chinoises aux œufs
2 litres d'eau
1 cuillère à soupe de sel
2 cuillères à soupe d'huile
200 g de viande de porc ou de dinde
3 oignon(s) printanier(s)
1 poivre(s)
2 carotte(s)
¼ litre|d'eau chaude
1 cuillère à café|de brocart granulé
2 cuillères à soupe|de sauce soja
1 cuillère à soupe|de farine de fécule
|sel et poivre
2 cuillères à soupe d'huile
|sauce soja

Préparation

Faites cuire les nouilles dans de l'eau bouillante salée
selon les instructions du paquet et égouttez-les.
Faites revenir la viande dans une grande poêle
avec de l'huile pendant 3 minutes.
Nettoyez les oignons de printemps, lavez-les et coupez-les en

morceaux de 2 cm. Lavez le poivron, coupez-le en deux, retirez les graines et coupez-le en lanières. Lavez, épluchez et râpez grossièrement ou coupez en fines tranches les carottes.
Ajoutez les légumes coupés à la viande dans la poêle et faites-les revenir pendant 2 minutes.
Mélangez bien le bouillon, la sauce soja et la maïzena dans un bol, ajoutez-les aux autres ingrédients dans la poêle après les avoir fait frire et assaisonnez à nouveau.
Faites chauffer l'huile dans une autre poêle, ajoutez les nouilles égouttées et faites-les frire pendant environ 3 minutes.
Ajoutez ensuite le mélange légumes-viande et mélangez.

Versez dans un bol chaud.

NOUILLES SAUTÉES AU POULET ET AUX LÉGUMES

Ingrédients

150 g de nouilles (Mie-)
125 g|Filet(s) de poitrine de poulet
25 g|Pousse de bambou(s)
½|Paprika(s) rouge(s)
2 oignons de printemps
1|gousse(s) d'ail
1 morceau(s)|de racine de gingembre, environ 1 cm
2 cuillères à soupe de sauce soja
2 cuillères à soupe d'huile
|Sel et poivre

Préparation

Faites cuire les nouilles selon les instructions du paquet, rincez-les à l'eau froide et égouttez-les. Mélangez-les avec 1 cuillère à soupe d'huile.

Pelez et émincez l'ail, pelez et émincez le gingembre. Laver les oignons de printemps et les couper en morceaux de 5 cm de long, puis les couper en fines lamelles dans le sens de la longueur. Egouttez les pousses de bambou. Laver le poivron et le couper en fines lamelles. Laver le poulet, l'éponger et le couper en lanières.

Faites chauffer l'huile restante. Faites-y sauter les

nouilles pendant 1-2 minutes, puis retirez-les.
Faites brièvement sauter le poulet avec l'ail, le gingembre
et les oignons dans l'huile.
Ajoutez le poivron et faites-le frire pendant environ
1 minute. Faites frire les pousses de bambou pendant
environ 1 minute et assaisonnez avec la sauce soja.
Ajoutez les nouilles, assaisonnez de sel et de poivre et servez.

Si vous le souhaitez, vous pouvez ajouter des
germes de soja et du chou chinois,
très savoureux.

NOUILLES SAUTÉES AU POULET DANS UNE SAUCE À L'ANANAS ET À LA NOIX DE COCO

Ingrédients

400 g|de filet(s) de poitrine de poulet
100 g de nouilles aux œufs chinoises
400 ml de lait de coco
1 petite boîte de conserve d'ananas (en morceaux)
1|piment(s) rouge(s), coupé(s) en cubes
|Sambal Oelek
3 cuillères à soupe de flocons de noix de coco
|poudre de curry
2 cuillères à soupe d'huile
|Sel et poivre

Préparation

Faites bouillir les nouilles et égouttez-les bien.

Coupez la viande en morceaux et faites-la frire dans un wok. Ajoutez les nouilles et faites-les frire brièvement. Ajoutez ensuite les morceaux de poivre et faites-les frire brièvement. Ajouter l'ananas, le lait de coco et la noix de coco râpée, assaisonner avec le sambal, le curry, le sel et le poivre et laisser mijoter pendant environ 5 minutes.

POULET - POÊLE AU PAPRIKA

Ingrédients

300 g|de poitrine de poulet
2 cuillères à soupe d'huile (huile de sésame, d'arachide ou de noix)
4 cuillères à soupe de sauce (sauce Teryaki)
1 cuillère à soupe de crème d'arachide
2 cuillères à café de sambal oelek
1 cuillère à café de pâte d'épices (Sambal Manis)
4 poivrons, rouges et jaunes
150 g|de nouilles (nouilles Mie)
100 g de noix de cajou
|Oignon(s), rôti(s)
|sel

Préparation

Mélangez l'huile de sésame, la sauce teriyaki, la crème de
cacahuète, le sambal oelek et le sambal manis avec un petit
fouet pour faire une marinade. Laver les blancs de poulet, les
éponger et les dégraisser. Coupez-les ensuite en fines lamelles
et laissez-les mariner pendant environ 30 minutes.

Pendant ce temps, lavez et nettoyez les poivrons
et coupez-les en morceaux de 2 à 3 cm.

Mettez les poivrons dans la poêle avec un filet d'huile de sésame,
puis salez et faites-les frire à feu vif pendant environ 3 minutes.
Ajoutez ensuite la viande avec la marinade et continuez à faire

frire à feu moyen jusqu'à ce que tout ait la consistance désirée.

Préparer les nouilles Mie selon les instructions de l'emballage et les ajouter à la poêle. Mélangez bien le tout et assaisonnez avec la sauce teriyaki si nécessaire. Faites frire pendant environ 3 minutes sur le feu le plus élevé afin que les nouilles soient encore légèrement grillées.

Faites griller les noix de cajou dans une poêle sans ajouter de matière grasse.

Servez-les dans de petits bols, bien sûr. Mettez d'abord les nouilles, puis parsemez les noix de cajou et les oignons grillés sur le dessus. Servez immédiatement.

NOUILLES ASIATIQUES AU BLANC DE POULET

Ingrédients

150 g|nouilles (nouilles de riz), chinoises
300 g de filet(s) de poulet
300 g|carotte(s)
1 poivron(s), jaune et rouge
4 oignon(s) poireau(x)
1 gousse/s d'ail
2 cuillères à soupe d'huile
50 g de cacahuètes
100 ml|sauce (asiatique, douce - piquante)
2 cuillères à soupe de sauce soja
4 tiges de coriandre
|sel et poivre

Préparation

Faites cuire les nouilles dans l'eau bouillante pendant 2 minutes, rincez-les à l'eau froide, égouttez-les. Coupez la viande, les carottes et les poivrons en lanières. Emincez les oignons nouveaux et hachez l'ail.

Faites chauffer l'huile dans une poêle ou un wok. Faites-y revenir la viande en la retournant, salez, poivrez et retirez-la. Ajoutez l'ail, les cacahuètes, les carottes, les poivrons et les oignons de printemps dans la graisse chaude et faites-les sauter pendant 3 minutes.

Ajoutez la sauce asiatique, 4 cuillères à soupe d'eau et la sauce soja aux légumes et laissez mijoter pendant environ 2 minutes. Incorporez les nouilles et la viande et faites chauffer en remuant. Hachez la coriandre et saupoudrez-la sur le dessus.

CHINE - POÊLÉE DE RIZ À LA DINDE ET AU CHOU CHINOIS

Ingrédients

1 ½ tasse/s|de riz (riz long grain, étuvé)
250 g|de viande de dinde, déchiquetée
5 cuillères à soupe de sauce soja
1 oignon(s)
¼|du chou chinois
1 tige/poireau (petite tige)
1 poivre(s) rouge(s)
⅛ litre|de bouillon de légumes
3 cuillères à soupe d'huile
|sel

Préparation

Faites cuire le riz selon les instructions de l'emballage.

Mettez les escalopes de dinde dans un bol avec 2 cuillères à soupe de sauce soja, mélangez bien et laissez reposer.

Epluchez l'oignon, coupez-le en deux et en demi-cercles. Coupez le chou chinois en fines lanières dans le sens de la largeur. Coupez le poireau dans le sens de la longueur, lavez-le soigneusement et coupez-le en fines lamelles dans le sens de la largeur. Lavez, épépinez et coupez le poivron en dés.

Faites chauffer 3 cuillères à soupe d'huile dans une grande poêle et faites-y revenir les escalopes de dinde. Ajoutez les légumes préparés et faites-les frire. Ajoutez le bouillon de légumes et 3 cuillères à soupe de sauce soja et assaisonnez avec du sel. Enfin, incorporez le riz cuit. Servez chaud.

POULET CHINOIS AU WOK

Ingrédients

6 cuillères à soupe de sauce soja
2 cuillères à café|de Sambal Oelek
600 g|de filet(s) de poitrine de poulet
2 cuillères à soupe|de graines de sésame, non pelées
2 cuillères à soupe d'huile (huile d'arachide)
1 cuillère à soupe d'huile (huile de sésame)
900 g|de légumes (légumes chinois), surgelés
15 g de gingembre
250 g de basmati
1|gousse(s) d'ail
8 cuillères à soupe|de vin (vin de prune)
|sel et poivre

Préparation

Lavez le poulet, séchez-le sur du papier absorbant
et coupez-le en petits morceaux. Mélangez la sauce
soja avec le sambal et incorporez le tout. Réfrigérer et
laisser mariner pendant au moins une heure.

Chauffez un wok ou une grande poêle et faites griller les
graines de sésame sans matière grasse jusqu'à ce qu'elles soient
dorées. Retirez les graines de sésame et mettez-les de côté.

Faites cuire le riz selon les instructions figurant sur le paquet.

Faites chauffer l'huile d'arachide dans un wok, ajoutez la viande et la marinade et faites-la sauter pendant environ 3 minutes jusqu'à ce qu'elle soit chaude. Incorporez les légumes surgelés et faites-les revenir pendant quelques minutes. Remuez de temps en temps. Pelez et hachez le gingembre et l'ail. Déglacez les légumes et le poulet avec le vin de prune, ajoutez le gingembre et l'ail et assaisonnez avec du sel et du poivre. Enfin, ajoutez les graines de sésame et l'huile de sésame et servez immédiatement.

Conseils et variations :
Si vous avez des problèmes avec le piquant, utilisez moins de sambal. Le mélange de légumes doit être sans assaisonnement, vous pouvez le faire mieux vous-même.

Bien sûr, vous pouvez aussi utiliser des légumes frais si vous avez plus de temps. Les noix ou les noix de cajou se marient également très bien avec ce plat.

POÊLE AU POULET

Ingrédients

250 g|de blancs de poulet
5 cuillères à soupe de sauce soja
1 cuillère à café|de pâte de curry (rouge,
verte ou jaune selon le goût)
un peu de|poudre d'ail (ou d'ail frais)
|du poivre en poudre, doux
150 g|de carotte(s)
2 oignons de printemps
200 ml|de lait de coco
100 g|de pousse de bambou(s)
|curcuma

Préparation

Coupez le blanc de poulet en tranches très fines et placez-
le dans un bol. Mélangez la sauce soja, l'ail en poudre,
la pâte de curry et le paprika en poudre avec la viande
et laissez mariner pendant environ 1 heure.
Nettoyez les carottes et les oignons de printemps et coupez-
les en fines lamelles. Faites chauffer de l'huile dans un wok
et faites revenir la viande avec la marinade en la retournant.
Ajoutez les carottes et faites-les sauter brièvement. Ajoutez
ensuite les oignons de printemps. Faites sauter les légumes
jusqu'à ce qu'ils soient encore fermes à la morsure. Ajoutez
ensuite les pousses de bambou et le lait de coco. Portez
brièvement à ébullition et assaisonnez avec la sauce soja,
le curcuma (qui donne à l'ensemble une belle couleur

jaunâtre) et éventuellement un peu de pâte de curry.
Servez avec du riz basmati.

BLANC DE POULET AU CURRY D'ANANAS

Ingrédients

1 kg de poitrine de poulet, en filets
3 sachets de riz de 125 g chacun
1 boîte d'ananas, en dés
½ bâton de poireau
500 g de légumes surgelés (China Mix)
250 ml de jus d'orange
250 ml de bouillon de poulet
250 ml de crème
|sauce soja
éventuellement épaississant de sauce, de couleur claire
|sel
|poudre de curry
|poudre de paprika
|noix de muscade
|huile

Préparation

Coupez le blanc de poulet en morceaux d'environ 2 x 2 cm, hachez l'ananas et émincez le poireau nettoyé. Faites cuire les légumes chinois dans une petite casserole pendant environ 10 minutes, puis égouttez-les. Faites cuire le riz selon les instructions figurant sur le paquet.

Faites frire les blancs de poulet dans un peu d'huile chaude pendant environ 7 minutes. Après environ 3 minutes de cuisson, ajoutez les poireaux. Portez le jus d'orange et le bouillon à ébullition dans une casserole et ajoutez les légumes, les morceaux d'ananas et la viande. Assaisonnez avec la sauce soja, le sel, le paprika, la noix de muscade et 2 à 3 cuillères à soupe de curry. Versez la crème et laissez mijoter doucement pendant encore 5 minutes. Assaisonnez selon votre goût et servez avec le riz.

Note : Le chaud se marie toujours bien avec le sucré (ananas). Ne salez pas la viande pendant qu'elle rôtit, sinon elle se desséchera rapidement. Si vous voulez que la sauce soit plus crémeuse, vous pouvez ajouter un peu d'épaississant pour sauce légère.

RIZ FRIT AU POULET ET AU BASILIC

Ingrédients

500 g|de filet(s) de poitrine de poulet
1 botte d'oignon(s) printanier(s) (environ 6 morceaux)
1|piment(s) rouge(s) frais
½ botte|de basilic, finement haché (du basilic
surgelé fera aussi l'affaire)
250 g de riz (riz long grain)
½ litre|de bouillon de poulet
2 cuillères à soupe de sauce soja
7 cuillères à soupe d'huile (huile de sésame)
|sel
1 cuillère à café d'amidon
2 pressions de jus de citron
1 pincée(s)|de gingembre en poudre

Préparation

Faites cuire le riz dans le bouillon de poulet selon les instructions du paquet et laissez-le refroidir (utilisez le riz de la veille si nécessaire). Coupez le poulet en lanières. Mélangez le gingembre en poudre avec la sauce soja, 1 cuillère à soupe d'huile de sésame, du sel et de la maïzena et faites-y mariner la viande pendant environ 20 minutes. Lavez et nettoyez les oignons de printemps et le piment. Retirez les graines du piment et coupez-le en lanières avec les oignons de printemps.

Faites chauffer le wok, ajoutez 2 cuillères à soupe d'huile et faites-y revenir la viande. Ajouter les oignons de printemps et le piment et faire revenir brièvement. Retirez la viande avec les oignons nouveaux et le piment et gardez-la au chaud. Faites chauffer le reste de l'huile dans le wok et faites-y frire le riz pendant environ 5 minutes, en le retournant. Mélangez à nouveau la viande avec les oignons et le piment et laissez chauffer. Ajoutez le basilic et le jus de citron. Mélangez à nouveau le tout et servez.

CARI DE POITRINE DE POULET À LA NOIX DE COCO ET À L'ANANAS

Ingrédients

300 g de blancs de poulet
250 ml de lait de coco
1 tasse de crème fraîche ou de crème aigre
2 carotte(s)
4 cuillères à soupe d'huile (huile de noix)
2 cuillères à soupe|d'huile (huile de sésame), grillées
1 cuillère à soupe|de sauce soja
2 cuillères à café de bouillon de poulet (concentré)
2 cuillères à café d'amidon à cuire
|curry
|poivre en poudre
|sel et poivre

Préparation

Coupez le blanc de poulet en dés, faites-le mariner dans
un mélange d'huile de noix, de sauce soja (ratio d'environ
4:1), d'une cuillère à café de curry, de ¼ de cuillère à café
de paprika et de sel pendant environ 30 minutes.

Pendant ce temps, nettoyer les carottes et les couper
en fines lamelles à l'aide d'un économe.
Egouttez l'ananas (gardez le jus !).

Faites brièvement sauter les carottes dans l'huile de sésame, assaisonnez avec du sel et un peu de poivre ; retirez-les.
Dans la même marmite, faire revenir la viande et la marinade (attention à ne pas trop chauffer !).
Retirez la viande lorsqu'elle est presque cuite.

Faire sauter l'ananas égoutté dans la marmite (vous pouvez ajouter un peu de jus, mais pas la boîte entière).
Déglacer avec le lait de coco, puis incorporer la crème fraîche.

Assaisonnez avec le bouillon de poulet (environ 2 cuillères à café pour 1 petite tasse d'eau), le jus d'ananas, le sel et le curry selon votre goût.
Portez bien à ébullition et, selon la consistance, épaississez avec 2 à 3 cuillères à café de maïzena mélangée à un peu d'eau froide.

Enfin, ajoutez à nouveau la viande et les carottes et laissez cuire pendant environ 10 minutes.

Le riz est le meilleur accompagnement

Bien sûr, le tout est également délicieux sans viande ; d'ailleurs, le lait de coco et la crème aigre ajoutent quelques points.

POULET SUPER LÉGER AIGRE-DOUX

Ingrédients

500 g de filet(s) de poulet
1 oignon(s), finement haché(s)
2 poivrons jaunes
2 poivrons rouges
1 grosse boîte d'ananas haché, sans sucre ajouté
1 pck|tomate(s), égouttée(s)
2 cuillères à soupe de vinaigre
2 cuillères à soupe de sucre
|Sel
|Poudre de paprika
Epaississant pour sauce ou maïzena si nécessaire

Préparation

Coupez le filet de poulet en morceaux d'environ 2 cm x 2 cm et assaisonnez-les avec du sel et du paprika en poudre. Faites-les frire sans matière grasse dans une poêle (de préférence un wok). Après environ 2 minutes, ajoutez les oignons finement hachés.

Nettoyer les poivrons et les couper également en cubes de 2 cm x 2 cm. Egouttez l'ananas, en réservant le jus. Ajoutez les poivrons coupés en dés et les morceaux d'ananas à la viande. Faites revenir le tout pendant environ 2 minutes supplémentaires, puis déglacez avec environ la moitié du jus d'ananas. Ajouter les tomates égouttées et porter à ébullition. Assaisonnez avec le sucre, le vinaigre et le sel et laissez mijoter un moment. Si nécessaire, épaissir un peu avec un épaississant pour sauce ou de la maïzena.

Le riz classique - mais aussi les pommes de terre ou les nouilles en spirale - se marient très bien avec ce plat. Avec les pommes de terre, le goût est meilleur si vous coupez les pommes de terre cuites en petits morceaux et les ajoutez à la poêle.

DÉLICIEUX CURRY DE POULET

Ingrédients

Pour la marinade :
1 gousse/s|d'ail, finement coupée(s)
un peu de coriandre
un peu de cumin
2 cuillères à soupe|de sauce soja, foncée
250 g|de poitrine de poulet
2 cuillères à soupe d'huile végétale
1 gousse/s|d'ail, finement hachée(s)
1 cuillère à soupe|de pâte de curry, rouge
400 ml|de lait de coco
1 cuillère à soupe|de sauce de poisson
1 cuillère à soupe|de sucre brun
200 g|ananas, haché
150 g|tomate(s) cerise(s), coupée(s) en deux
150 g|Raisins de cuve, clairs, sans pépins
20 feuilles de basilic
1 gros piment(s) rouge(s), coupé(s) en fines rondelles

Préparation

Mettez les quatre premiers ingrédients de la marinade dans un sac de congélation et mélangez-les. Ajoutez le blanc de poulet et enrobez-le bien de la marinade. Laissez mariner pendant environ 1 heure.

Allumez le gril du four et réglez-le sur la position la plus élevée. Faites griller les blancs de poulet en dessous pendant 5 minutes de chaque côté. Laissez refroidir la viande, coupez-la en diagonale en fines tranches et mettez-la de côté.

Pour le curry, faites chauffer l'huile végétale dans un wok ou une poêle et faites revenir l'ail jusqu'à ce qu'il soit doré. Incorporez la pâte de curry. Versez ensuite progressivement le lait de coco, en remuant constamment, et portez à ébullition. Ajoutez la sauce de poisson et le sucre et laissez mijoter pendant 5 minutes, puis ajoutez le poulet coupé en tranches. Incorporez les morceaux d'ananas, les tomates cerises et les raisins et laissez mijoter pendant environ 1 minute. Enfin, ajoutez les feuilles de basilic et le piment et remuez brièvement.

Servez avec du riz basmati.

Conseil : Un gril de contact est particulièrement adapté pour la viande (c'est plus rapide).

THAI – POULET AU CURRY AVEC LÉGUMES

Ingrédients

6|Poivron(s)
8 carotte(s) (environ 500 g)
1 kg|de dinde ou de blanc de poulet
2 poireau(x) (environ 400 g)
800 ml|de lait de coco
2 cuillères à café, bien pesées, de pâte de curry
rouge (pâte de curry thaïlandaise)
½ cuillère à café|de poudre de gingembre
un peu de sel
un peu d'huile

Préparation

Coupez la viande en petits morceaux et faites-la revenir dans un wok avec un peu d'huile (j'utilise toujours de l'huile de colza). Coupez les poivrons et les poireaux en petites lanières et les carottes en fins bâtonnets et ajoutez-les au poulet frit. Faites chauffer le tout brièvement avec le couvercle fermé (remuez de temps en temps pour que rien ne brûle).

Après environ 8 à 10 minutes, ajoutez le lait de coco et laissez mijoter à feu moyen pendant encore 10 minutes. Ajoutez maintenant les épices (attention au curry rouge piquant, ce truc est vraiment bon !) et laissez mijoter à feu doux jusqu'à ce que les légumes soient bien tendres. Servez avec du riz (je préfère le riz brun).

POULET AUX NOIX DE CAJOU

15 minutes

Ingrédients

½|poitrine de poulet
1 oignon(s)
2 gros|piments séchés
2 oignons de printemps
2 cuillères à soupe de sucre
3 cuillères à soupe de sauce soja
2 cuillères à soupe d'eau
4 cuillères à soupe d'huile de canne
1 poignée de noix de cajou

Préparation

Coupez la viande en diagonale en fines lamelles. Coupez l'oignon dans le sens de la longueur en fines lamelles, les oignons de printemps lavés avec la verdure en morceaux de 2 cm de long et les piments en 3-4 morceaux.

Faites chauffer l'huile dans le wok à feu très vif et faites frire le poulet pendant 1 à 2 minutes. Ajoutez l'oignon, puis les morceaux de piment et remuez brièvement. Saupoudrez le sucre sur le poulet et remuez. Ajoutez maintenant la sauce soja et l'eau et mélangez bien. Enfin, ajoutez les oignons de printemps et les noix.

Servez avec du riz parfumé.

Conseil :
Il est préférable de ne pas préparer plus de 2 portions
à la fois dans le wok. Vous pouvez varier le goût en
ajoutant un peu de sucre ou de sauce soja.

BROCOLI - POULET - WOK

Ingrédients

400 g de viande de poulet
2 cuillères à café d'amidon
3 cuillères à soupe de sauce soja
2 cuillères à soupe d'huile
500 g de brocoli
2 échalote(s)
2 gousse(s) d'ail
100 ml|de bouillon de poulet
2 cuillères à soupe de vin de riz ou de sherry
100 g de noix de cajou
|sel et poivre

Préparation

Lavez la viande, épongez-la et coupez-la en fines lamelles. Mélangez-la avec l'amidon et 1 cuillère à soupe d'huile et de sauce soja. Lavez et nettoyez le brocoli, coupez-le en petits bouquets, épluchez et coupez les tiges en petits dés. Pelez et hachez finement les échalotes et l'ail. Mélangez le bouillon, le vin de riz et le reste de la sauce soja.

Faites chauffer 1 cuillère à soupe d'huile dans un wok. Faites griller les noix de cajou pendant 30 secondes jusqu'à ce qu'elles soient dorées, puis retirez-les. Retirer la viande de la marinade, l'éponger et la faire sauter par lots pendant 2 à 3 minutes jusqu'à ce qu'elle soit dorée. Retirez-la et gardez-la au chaud.

Faites sauter le brocoli, les échalotes et l'ail pendant 4 minutes. Versez la sauce d'assaisonnement et portez à ébullition. Ajouter la viande et la marinade, remuer à feu vif pendant 1 minute. Saler, poivrer et servir en saupoudrant les noix de cajou.

ESCALOPES DE DINDE À LA SAUCE ARACHIDE ET AU PAPRIKA

Ingrédients

500 g|d'escalope de dinde, coupée en lanières
1 oignon(s), finement haché(s)
3 poivrons rouges, jaunes et verts, coupés en dés
200 ml d'eau
2 cuillères à soupe de beurre de cacahuète
|Poudre de piment
|poudre de gingembre
3 cuillères à soupe d'huile (huile d'arachide ou huile de sésame)
|sel

Préparation

Faites chauffer l'huile dans une poêle et faites frire les lanières de dinde. Lorsque les lanières de dinde sont légèrement frites, ajoutez les oignons et les poivrons coupés en dés et le beurre de cacahuète, faites-les frire jusqu'à ce qu'ils soient bien chauds et déglacez avec l'eau. Assaisonnez avec le sel, le piment et le gingembre et laissez mijoter à couvert pendant 20 minutes.

Servir avec du riz ou des nouilles chinoises.

CURRY THAÏLANDAIS

Ingrédients

500 g de filet(s) de poitrine de dinde
1 poivron(s) rouge(s)
1 oignon(s)
1|gousse(s) d'ail
1 courgette
1 grosse carotte(s)
200 g de pois cassés au sucre
1 boîte de lait de coco
|Pâte de curry rouge
|sambal oelek
|sauce soja
|basmati
|Farine
|Huile
|sel

Préparation

Coupez la viande de dinde en petits morceaux. Préparez une marinade avec 3 cuillères à soupe d'huile, 2 cuillères à café de pâte de curry rouge et 1 cuillère à soupe de sauce soja. Laissez mariner la dinde pendant environ 30 minutes (ou plus), puis saupoudrez la viande de farine. Pendant ce temps, coupez tous les légumes.

Mettez la viande dans une poêle et faites-la frire jusqu'à ce qu'elle soit croustillante, puis retirez-la.

Faites revenir l'oignon et la gousse d'ail dans la graisse de friture jusqu'à ce qu'ils soient translucides, puis ajoutez le reste des légumes. Faites cuire à la vapeur avec le couvercle pendant environ 10 minutes, en remuant de temps en temps. Ajoutez maintenant un peu d'eau et 2 cuillères à soupe de pâte de curry rouge et une bonne pincée de sambal oelek aux légumes. Laissez mijoter pendant encore 15 minutes, assaisonnez avec du sel.

Ajoutez ensuite la dinde rôtie, incorporez le lait de coco, portez à nouveau à ébullition et retirez la casserole du feu. Si la sauce a un goût trop prononcé de lait de coco, vous pouvez la diluer avec du bouillon ou de l'eau.

Le riz basmati se marie bien avec ce plat.

Si vous l'aimez un peu plus épicé, vous pouvez utiliser un peu plus de sambal oelek ou ajouter un piment.

POULET AIGRE-DOUX AVEC DU RIZ

Ingrédients

600 g de filet(s) de poulet
3 poivrons, rouge, jaune et vert
1 oignon(s)
150 g d'oignon(s) de poireau(x)
300 g de riz (riz long grain)
1 boîte de maïs (425 ml)
250 ml|sauce (sauce asiatique épicée, aigre-douce)
400 ml|de bouillon de légumes
4 cuillères à soupe de sauce soja
50 g de cacahuètes non salées
1 cuillère à soupe de pâte de tomate
|Sel et poivre
|sucre
|huile

Préparation

Coupez la viande, les poivrons et les oignons en lanières.
Coupez les oignons de printemps en rondelles. Faites cuire
le riz selon les instructions figurant sur le paquet.

Faites chauffer l'huile dans une poêle et faites bien frire la viande
en la retournant. Retirez-la et gardez-la au chaud. Ajoutez
l'oignon dans la poêle et faites-le revenir jusqu'à ce qu'il soit
translucide. Ajoutez les poivrons et les oignons de printemps
et faites-les revenir brièvement en les retournant. Déglacer

avec le bouillon de légumes et la sauce aux épices asiatiques et porter à ébullition. Ajouter le poulet et assaisonner avec le sel, le poivre, la sauce soja et le sucre. Laissez mijoter le tout à feu doux pendant environ 5 minutes. Incorporez le maïs et les cacahuètes (veillez à ce qu'ils ne soient pas salés !) et assaisonnez avec 1 à 2 cuillères à soupe de concentré de tomate si nécessaire.

Servez avec le riz.

VOLAILLE - NOIX DE COCO - SOUPE AUX ÉPINARDS

Ingrédients

300 g|de filet(s) de poitrine de poulet
4 échalotes, coupées en dés
1|Piment(s) rouge(s)
1|Citron vert, non traité
1|gousse(s) d'ail, coupée(s) en petits dés
150 g|d'épinards à feuilles ou de blettes, frais
1 cuillère à soupe d'huile
1 boîte de lait de coco (400 ml), non sucrée
1 cuillère à soupe de pâte de curry selon le goût
½ litre|de bouillon de poulet
|sel

Préparation

Lavez le filet de poulet et coupez-le en petits cubes (d'environ 1 cm de côté). Retirez les graines du piment, lavez-le et coupez-le en très petits dés. Pelez l'ail et coupez-le en petits dés ou pressez-le. Lavez le citron vert à l'eau chaude, séchez-le et râpez finement son zeste. Pressez le citron vert. Nettoyez les épinards ou les blettes et égouttez-les.

Faites chauffer l'huile dans un wok. Faites revenir l'ail, le piment, les échalotes et le zeste de citron vert pendant environ 1 minute.

Remuez bien le lait de coco de la boîte et ajoutez-en la moitié dans le wok. Ajoutez la pâte de curry. Mélangez le tout et laissez mijoter pendant environ 3 minutes. Ajoutez maintenant les cubes de poitrine de poulet dans le wok et faites-les cuire jusqu'à ce qu'ils soient cuits. Versez le reste du lait de coco et le bouillon de poulet. Portez le tout à ébullition en remuant une fois. Ajoutez maintenant les épinards ou les blettes et mélangez-les. Laissez mijoter le tout pendant environ 2 minutes. Assaisonnez la soupe avec du jus de citron vert et du sel si nécessaire.

Cette recette peut également être servie comme plat principal en augmentant la quantité d'ingrédients "solides" et en ajoutant du riz.

Attention aux "vraies" pâtes de curry thaïlandaises : jaune = doux, vert = fort, rouge = à consommer avec précaution !

POULET *MANDARIN

Ingrédients

2 mandarines (clémentines)
2 gousse(s) d'ail
2 tranches de gingembre
|sel
2 cuillères à café de miel
2 cuillères à café de sambal oelek
2 cuillères à café d'huile
2 cuisse(s) de poulet, cuite(s)
1|piment(s) rouge(s)
2 oignon(s)
2 carotte(s)
120 g|de nouilles
6 cuillères à soupe de bouillon de poulet
|Herbes fraîches (ciboulette, coriandre)
|Graines de sésame, pour saupoudrer

Préparation

Pressez la clémentine, pelez l'ail, épluchez le gingembre,
hachez les deux et mélangez-les avec le jus, le sel,
le miel et le sambal oelek dans une tasse.
Badigeonnez une poêle chaude d'huile. Coupez la
cuisse de poulet au niveau de l'articulation et faites-
la frire à feu doux. Retournez fréquemment les pilons
et badigeonnez-les de sauce à la clémentine.
Pendant ce temps, nettoyez les légumes et coupez-
les ou tranchez-les en fines lamelles.

Ajoutez-les à la viande dans la poêle. Assaisonnez avec du sel et remuez fréquemment. Après 8-10 minutes, incorporez les nouilles cuites, ajoutez le reste de la sauce à la clémentine et le bouillon et faites chauffer le tout, sans faire bouillir davantage. Saupoudrez d'herbes hachées et de graines de sésame.

CURRY - PÂTES EN TRANCHES

Ingrédients

500 g|de poitrine de dinde
1 cuillère à soupe d'huile
2 oignon(x)
1 gousse/s d'ail
500 ml de bouillon
1 botte d'oignon(s) nouveau(x)
1 petit pot|d'ananas en morceaux
1 petit pot de mandarine(s)
3 cuillères à soupe de chutney de mangue
|Vinaigre balsamique
|sel
|poudre de curry
|épaississant pour sauce, léger

Préparation

Coupez la poitrine de dinde en lanières, faites-la frire dans l'huile. Couper les oignons en petits dés, écraser l'ail, ajouter à la viande et faire frire. Faire cuire avec le bouillon pendant 5-10 minutes. Egouttez les ananas et les mandarines, en réservant le jus. Ajouter les fruits et les oignons de printemps (anneaux) à la viande coupée, chauffer brièvement. Assaisonner avec le chutney de mangue, le jus, le vinaigre, le sel, le poivre, le curry et épaissir avec un épaississant pour sauce.

POÊLÉE DE POULET AUX AIRELLES ET AU GINGEMBRE

Ingrédients

50 g|Cranberries, séchées
1 morceau(s)|de gingembre, de la taille d'une noix, frais
2 échalote(s)
2 gousse/s d'ail
1 petit(s) piment(s) rouge(s)
1 oignon(s) poireau(x) en botte
500 g|de filet(s) de poitrine de poulet
2 cuillères à soupe d'huile (huile d'arachide)
1 cuillère à café d'huile (huile de sésame)
|Sauce soja
|1 cuillère à café de sauce au poivre rouge
1 trait de sherry
100 g|de canneberges, (fraîches ou surgelées)
200 g de germes de soja
1 cuillère à soupe|de feuilles de basilic, hachées

Préparation

Hachez grossièrement les canneberges séparées, pelez le gingembre et coupez-le en fins bâtonnets. Pelez et coupez en petits dés les échalotes, épluchez l'ail et passez-le au presse-purée. Lavez et nettoyez le piment rouge et coupez-le en fines rondelles. Lavez les oignons de printemps et coupez-les en diagonale. Coupez le blanc de poulet en fines lamelles. Faites chauffer l'huile dans un wok ou une grande poêle. Faites sauter les échalotes jusqu'à ce qu'elles soient translucides. Ajoutez le gingembre et l'ail et faites-les sauter brièvement. Ajoutez les lanières de poulet et faites-les frire pendant 3-4 minutes, en les retournant. Assaisonnez avec l'huile de sésame, la sauce soja, la sauce au poivre rouge et le sherry. Ajoutez les canneberges séchées et fraîches ou congelées et faites-les frire pendant encore 2 minutes en les retournant. Incorporez les rondelles de piment, les germes de soja et les oignons de printemps et faites frire pendant 2 à 3 minutes. Saupoudrez de basilic et servez avec du riz basmati.

ASPERGES VERTES À LA THAÏLANDAISE AVEC OIGNONS, AIL ET POULET

Ingrédients

500 g d'asperges vertes
200 g de filet(s) de poulet
1 gros oignon(s)
1 morceau(s) de gingembre
1|piment(s) rouge(s)
3|gousse(s) d'ail
|sauce soja, foncée
|sauce poisson
un peu de bouillon de poulet
|sucre de canne ou sucre brun
|de l'huile, (huile d'arachide)

Préparation

Coupez les extrémités ligneuses des asperges vertes, puis coupez les asperges en morceaux de 2 cm de long. Mettez de côté et placez les têtes d'asperges à part. Coupez le blanc de poulet en lanières. Coupez l'oignon en grosses lamelles. Hachez finement le gingembre, l'ail et le piment.

Faites chauffer de l'huile d'arachide dans un wok ou une grande poêle, ajoutez les asperges sans les têtes et faites-les frire à feu moyen, en remuant de temps en temps. Au bout de 10 minutes, ajoutez les têtes d'asperges et les lamelles d'oignon et continuez à faire sauter le tout. Après 5 minutes supplémentaires, ajoutez le gingembre, l'ail et le piment et faites-les revenir pendant quelques secondes. Ajoutez maintenant les blancs de poulet dans le wok et augmentez le feu. Continuez à faire frire, en tournant constamment, jusqu'à ce que la viande prenne de la couleur. Déglacer avec la sauce soja, quelques traits de sauce de poisson et le bouillon de poulet et laisser la sauce bouillir brièvement. Assaisonnez selon votre goût avec la sauce soja, la sauce poisson et un peu de sucre.

Servir avec du riz basmati.

MENTIONS LÉGALES

Tous droits réservés

Mindful Publishing
Nous vous aidons à publier votre livre !

Par

TTENTION Inc.
Wilmington - DE19806
Trolley Square 20c

Tous droits réservés

Instagram : mindful_publishing
Contact : mindful.publishing@web.de
Contact2 : mindful.publishing@protonmail.com